¡Aprenda a leer Hebreo en 6 semanas!

¡APRENDA A LEER HEBREO EN 6 SEMANAS!

ESCRITO POR MIIKO SHAFFIER

SHEFER
PUBLISHING

Copyright © 2021 por Miiko Shaffier

Todos los derechos reservados. No está permitido la reproducción de ninguna parte de este libro de ninguna manera sin la previa autorización del autor, excepto en caso de breves citas en reseñas para su inclusión en revistas, periódicos o transmisión.

Escrito por: Miiko Shaffier

Traducción y adaptación al español por: Yehudit Grossman

Ilustrado y Diseñado por: Ken Parker

Publicado por:
Shefer Publishing
www.SheferPublishing.com

Para permisos, comentarios y pedidos:
Miiko@LearnHebrew.tv

ISBN 978-0-9978675-3-4

¡GRACIAS!

Mi más sincero agradecimiento a mi increíble y amado esposo Aaron Shaffier. El me motivó a intentar algo nuevo y creyó en mi habilidad de lograrlo.

Mi expresión de gratitud a todos mis maravillosos estudiantes. Su éxito y positivismo me inspiran a diario.

Mi traductora de inglés al español, Yehudit Grossman, es mi vecina y amiga. Yehudit nació en Colombia y vivió en Miami durante varios años, donde aprendió inglés. A principios de 2020 se estableció en Be'er Sheva, Israel.

Yehudit y yo nos conocimos en la sinagoga de nuestro vecindario, justo antes de que el mundo se cerrara por Covid 19.

Yo estuve esperando para traducir mi libro al español durante un tiempo y Yehudit y yo nos conocimos en el momento perfecto. Yehudit puso todo su corazón en este proyecto.

Dado que los ejemplos de letras hebreas en el libro en inglés están conectados con palabras en inglés, el libro no solo tuvo que ser traducido, sino que también se modificó significativamente para el español. Los tres idiomas de Yehudit fueron fundamentales en este proyecto y fue una verdadera bendición trabajar con ella.

Mi editora Zehava Arky, segura de si misma, alegre e increíble, tiene todo mi aprecio.

Muchas gracias a Ken Parker por ilustrar y diseñar este libro. !El fue tan optimista y muy creativo! Necesitábamos rediseñar el libro original en inglés para los hispanohablantes. Ken creó nuevas obras de arte y las diseñó con su estilo maravillosamente único.

¡BIENVENIDOS!

Mi nombre es Miiko. Crecí en los Estados Unidos y Canadá, pero en el año 2007 me mudé a Israel. Actualmente vivo en Be'er Sheva -la ciudad de Abraham- con mi esposo y nuestros nueve hijos. Yo empecé a enseñar a leer hebreo en el 2016 con un método único desarrollado por mi, con la meta de hacer la lectura del hebreo fácil y accesible para todos.

A través de clases transmitidas en vivo por redes sociales, desarrollé una audiencia de miles de seguidores! En sólo algunos meses, mucha gente había aprendido a leer hebreo con mi método. Fue cuando decidí poner este popular método en forma de libro.

Mi libro, disponible en inglés desde 2017, se volvió #1 en ventas, el "mejor vendido" en su categoría.

Un gran rabino llamado Menájem Mendel Schneerson dijo una vez que todos deberían participar en la difusión del conocimiento. Incluso si todo lo que alguien sabe es una letra del alfabeto, debería enseñar esa letra a alguien que no la conozca. Si saben más... bueno, ¡deberían enseñar más! De esa manera todos enriquecemos la vida de los demás. Así que tomé su consejo literalmente y decidí enseñar la lectura del hebreo. Estoy muy complacida de tomar el siguiente paso y compartir mi método con los hispanoparlantes.

Es fácil, rápido y divertido. Siempre me sorprende como profesores y autores logran complicar la lectura en hebreo. El hebreo es un idioma con una profundidad y un significado increíbles, pero es muy sencillo de leer. Como cualquier emprendimiento que parezca insuperable, el primer paso es en el que hay que enfocarse . ¡Una vez que tengas éxito con el primer paso, te darás cuenta que PUEDES dar el segundo paso y lo harás!

Siempre estoy muy feliz de poder conectarme con mis lectores a través de mi página de internet **www.LearnHebrew.tv** y en las redes sociales. Me encantaría escuchar tus opiniones acerca de mi libro y sobre tu experiencia aprendiendo a leer hebreo. Espero tener noticias tuyas.

¡ANIMO AMIGOS!

Para muchas personas, aprender hebreo parece ser un objetivo inalcanzable en sus vidas. Pero aquí estoy para decirles que es fácil. ¡Con este libro les enseñaré a leer hebreo con 15 a 20 minutos, dos veces por semana, en solo SEIS CORTAS SEMANAS!

Leer en hebreo es el mayor obstáculo para aprender el idioma hebreo. Muchos de mis estudiantes comentan lo mismo: ¡"Las letras hebreas eran chinas para mí antes de empezar! ¡No puedo creer que pueda leer hebreo ahora!" ¿Pero saben qué? ¡Fue fácil para ellos y tú también puedes hacerlo!

Personas de todas las edades y procedencias han estado aprendiendo a leer hebreo en seis semanas con mi sistema. Gente con diferentes motivaciones. Mi parte favorita de enseñar hebreo es escuchar estas diferentes motivaciones. Ya sea para conocer el idioma original de la Biblia, comunicarse con los nietos que hablan hebreo o para prepararse para un viaje a la Tierra Santa.

Las motivaciones no son mi única inspiración. Me siento honrada una y otra vez de escuchar del éxito que mis estudiantes tienen con mi método de enseñanza de lectura del hebreo. He tenido muchos alumnos que probaron otros métodos y se dieron por vencidos. Pero de alguna manera, las circunstancias los llevaron a mí y ahora están leyendo hebreo.

Toma un segundo y mira tu calendario. Fija una meta en un plazo de seis semanas. Puede ser un día festivo, Año Nuevo o un cumpleaños. ¡Escoge un día especial y que ese sea el día de lograr la meta de leer hebreo! Tú puedes y vas a leer hebreo para esa fecha. Podrías hacerlo aún más rápido, pero seis semanas se presta para un paso cómodo para la mayoría de la gente.

PRIMERA SEMANA

Lección Uno .... pag. 15
Lección Dos .... pg. 19

SEGUNDA SEMANA

Lección Uno .... pag. 27
Lección Dos .... pag. 35
Repaso Quincenal #1 .... pag. 41

TERCERA SEMANA

Lección Uno .... pag. 45
Lección Dos .... pag. 51

CUARTA SEMANA

Lección Uno .... pag. 59
Lección Dos .... pag. 69
Repaso Quincenal #2 .... pag. 77

QUINTA SEMANA

Lección Uno .... pag. 81
Lección Dos .... pag. 89

SEXTA SEMANA

Lección Uno .... pag. 95
Lección Dos .... pag. 103
Repaso Quincenal #3 .... pag. 107

Acerca de la Pronunciación del Nombre de D—s .... pag. 112

PRIMERA SEMANA
LECCION UNO

Primera Semana : Lección Uno

¡Comencemos! Empecemos hablando sobre una palabra que en español es fácil de leer. Me gusta usar la palabra "banana".

En español las palabras se escriben en línea recta de izquierda a derecha con las vocales y las consonantes en la misma línea. Cómo en la palabra banana, la B es seguida por una A luego una N luego una A, etc.

En hebreo la mayoría de las vocales están DEBAJO de las consonantes:

B N N
A A A

Es la misma palabra, solo que las vocales aparecen debajo de las consonantes en lugar de seguir a las consonantes. Interesante, ¿verdad? Usemos otra palabra diferente como ejemplo: "casa". Ahora intenta leerlo así:

C S
A A

Aquí hay otro más: "súper".

S P R
U E

Este es el primer truco de leer en hebreo. Las vocales penden debajo de las consonantes.

Al igual que en español, hay muchas más consonantes que vocales. Las pocas vocales que hay en el hebreo, en su mayoría, penden debajo de la línea de lectura, justamente debajo de las consonantes.

Ahora regresemos al ejemplo de la primera palabra que usamos, "banana". En hebreo, las palabras se leen de derecha a izquierda. Intenta leer la palabra "banana" de derecha a izquierda:

ANANAB

Es extraño leer de derecha a izquierda, pero la mente humana es increíble y te puedes acostumbrar a hacerlo rápidamente. Al igual que las personas en diferentes países se las arreglan muy bien para conducir en lados opuestos de la carretera. Hay países enteros donde sus habitantes leen de derecha a izquierda. Todos mis estudiantes han aprendido a leer de derecha a izquierda. Yo diría que esta es la parte más difícil de todo el idioma. El hebreo es realmente una lengua sencilla.

¡Tú puedes hacerlo!!!

¡OLRECAH SEDEUP UT!

ESTAS DOS DIFERENCIAS BASICAS SON LA BASE DE LA LECTURA DEL HEBREO.

RECUERDA:

- **LAS VOCALES ESTAN DEBAJO DE LAS CONSONANTES.**
- **LAS PALABRAS SE LEEN DE DERECHA A IZQUIERDA.**

Con eso en mente, ahora leamos "banana".
Léelo de derecha a izquierda:

NNB
AAA

Increíble... ¿verdad? ¡Es todo un mundo nuevo de lectura! ¡De veras! ESTAS dos diferencias son LA llave para leer en hebreo. Seguro que pensabas que habría algún obstáculo para aprender hebreo que no ibas a superar... ¡este era! Todo lo que tienes que hacer ahora es conectar la forma de cada letra con su sonido que representa. ¡Será increíble! Esas seis semanas van a pasar, aunque hagas esto o no. Entonces... ¡hagámoslo! Tendrás una magnífica habilidad lingüística que te abrirá puertas de conocimiento que aún ni te imaginas.

PRIMERA SEMANA
LECCION DOS

Primera Semana : Lección Dos

LA LETRA "BET" ב

¡Empecemos a aprender algunas letras! La primera letra que vamos a aprender es la letra **"Bet"**. Parece una **Bola en un Balcón**. Suena como la letra **"B"** del español. Perfecto. ¿Verdad?

LA LETRA "GUIMEL" ג

Se parece a un **hombre Galán jugando Golf**. ¿Y adivina qué? El sonido de esta letra es exacto al de la "G". Pero solo la "G" como en las palabras galán y golf, nunca suena como una "G" suave como en las palabras gelatina o girasol.

LA LETRA "DALED"

La letra "Daled" se ve como una Ducha y tiene el sonido de la letra "D" en español.

Por ahora, el nombre de las letras no es realmente importante. Concéntrate en recordar los sonidos que las letras hacen basado en como se ve cada letra.

Hoy también vamos a aprender dos vocales. Las dos hacen el mismo sonido. Es fácil, ¿verdad? La primera vocal se llama "PATAJ" y hace el sonido de la letra "a" como en español.

La PATAJ se ve así:

La segunda vocal para hoy se llama "KAMATZ" y TAMBIEN hace el sonido de la letra "a". ¡Que fácil!

La KAMATZ se ve así:

¿Recuerdas la primera regla que aprendimos para la lectura del hebreo? "PATAJ" y "KAMATZ" SIEMPRE van DEBAJO de las consonantes. Y como en el idioma español, las vocales en hebreo siempre hacen el mismo sonido. No importa cual consonante la acompaña. El hebreo no tiene "enredos" o complicaciones con combinaciones de vocales como lo tienen el inglés y el francés.

Si han intentado aprender inglés o francés, se habrán dado cuenta que son idiomas con complicaciones. El hebreo es sencillo, como el español. No hay palabras en hebreo con ortografía complicada como "beautiful" en inglés o "soeur" en francés. El hebreo es un idioma perfectamente fonético y las letras se leen exactamente como las ves. Así es.

¡Ya podemos leer algunas palabras con las letras que conocemos! Hagamos un intento.

בַּד

Trabajemos en esto juntos... tranquila y lentamente. Empecemos del lado derecho con la letra que tiene forma de balcón con una bola adentro "**B**". La leemos junto con la vocal que cuelga de ella, la "**a**". Ahora vamos de regreso arriba a la siguiente consonante, la que parece una ducha "**D**". Podemos leer la palabra hebrea "**BaD**". "**BaD**" significa **TELA**. ¡Lo hiciste!

Leer en hebreo es así de fácil. Ahora tratemos con otra palabra.

גַּד

Esta palabra empieza con la letra que parece un hombre galán jugando golf "**G**". Agregamos la vocal "**a**" que está debajo de esta letra. Regresamos arriba y leemos la siguiente consonante que parece una ducha "**D**"... ¡tataaaa! Acabas de leer "**GaD**".

GaD es un nombre propio. Es el nombre hebreo de la **tribu Israelita de Gad**. Ahora tienes una visión totalmente nueva de la pronunciación correcta de un nombre qué tal vez ya conocías. **GaD** suena en hebreo igual como suena en español.

OTRO HECHO DIVERTIDO DEL HEBREO: NO HAY LETRAS MAYUSCULAS EN EL HEBREO. NO HAY MAYUSCULAS PARA EL INICIO DE UNA ORACION O PARA NOMBRES PROPIOS O NOMBRES DE LUGARES. NO EXISTEN LETRAS MAYUSCULAS EN NINGUN LADO. ASI QUE ESE GRUPO DE LETRAS NO LAS TENEMOS QUE APRENDER. ¡HURRA!

דָּג

¡Próxima! Comienza con la letra que parece una ducha "**D**". Agrégale el sonido de la vocal "**a**" que está debajo. Sube de regreso a la consonante siguiente que luce como un hombre galán jugando golf "**G**". Ponlo todo junto y sonará "**DaG**".

DaG significa **pescado** y se pronuncia tal como lo estamos escribiendo: "**DaG**".

SEGUNDA SEMANA
LECCION UNO

Segunda Semana : Lección Uno

LA LETRA "JEY"

La primera letra que vamos a aprender hoy es la letra "JEY". Luce como una **Jaula con un pequeño orificio** a un lado para que salga el aire. Esta letra suena como una "**j suave**".

LA LETRA "JET"

Esta letra se ve muy parecida a la letra "JEY" pero con una gran diferencia. Parece una **jaula pero sin el orificio** para que salga el aire. Y si la jaula se llenara de humo, un pájaro adentro comenzaría a toser. Esta bella letra hace un sonido maravilloso. Es un sonido gutural el cual no existe en el español. Suena como una "**J fuerte y gutural**", como cuando alguien trata de despejar su garganta.

pag. 27

Muchos idiomas (como el alemán) tienen este sonido, pero en realidad es un sonido que no existe en el español. Tal vez estés familiarizado con algunas de estas palabras en otros idiomas. Piensa acerca del nombre del compositor Yoján Sebastián BACH. Para pronunciar este apellido, que suena como "BAJ", prueba esto: levanta la parte posterior de la lengua para hacer el sonido de un gatito ronroneando. Ahora fuerza la respiración mientras ronroneas. Es un ruido fuerte. Y definitivamente has hecho que todos a tu alrededor sientan curiosidad por saber que estás haciendo.

Mis estudiantes hispanoparlantes me han comentado que efectivamente es el sonido de la "J" en español. Cuando quiero escribir el sonido de la Jet en español, lo indico como "J gutural". Como el sonido "J" del apellido BACH. Recuerden: es una "J" fuerte.

¡Ahora leamos!

חַג

La primera letra luce como una jaula sin salida de aire y parece que nos estuviéramos atorando "**J**". Adiciona la vocal "**a**" que está debajo. Sube de nuevo a la siguiente consonante y tenemos al hombre galán jugando golf "**G**". Ponlo todo junto y tenemos la palabra hebrea "**JaG**"

JaG significa **DIA DE FIESTA** o **FESTIVAL**.

¡Si quieres verlo en el texto original de la Biblia en hebreo puedes hacerlo! Mira en el libro de Éxodo 12:14.

"...y lo celebrarán como una festividad para D--s."

El texto en hebreo se ve así::

וְחַגֹּתֶם אֹתוֹ חַג לַה'

pag. 28

Consejo útil:

Al leer la Biblia hebrea y otros libros sagrados, verás puntos y guiones adicionales que no forman parte de la lectura en hebreo. Estos puntos y rayas adicionales se denominan marcas de cantilación. Cuando estos libros sagrados se leen públicamente en la sinagoga, las marcas de cantilación son como notas musicales que guían al cantor en la entonación de las palabras.

Para fines de lectura, estos puntos y guiones adicionales simplemente se ignoran. A menos que estés estudiando para ser cantor en una sinagoga. Pero eso sería para otro libro.

Mira la tercera palabra en el versículo anterior. Recuerda que es la tercera palabra de derecha a izquierda. ¡Tú puedes leer la palabra para "día de fiesta" en hebreo! En otras cuatro semanas y media, podrás leer este versículo completo en el hebreo original. ¡Es inspirador y maravilloso!

Leamos un poco más.

הַחַג

La primera letra luce como una jaula con el orificio "**j suave**". La vocal debajo le da el sonido de la "**a**". Subimos de regreso a la siguiente consonante que luce como la jaula sin el orificio de respiración que suena como una "**J gutural**". Luego tomamos la vocal que está debajo de ella, otra vez "**a**". Y finalmente regresamos de nuevo arriba y vemos al gracioso jugador de golf "**G**". Entonces tenemos **jaJaG** que significa **EL DIA DE FIESTA** o **EL FESTIVAL**.

EN HEBREO, CUANDO QUIERES ADICIONAR LA PALABRA "EL" O "LA" A UN SUSTANTIVO, SIMPLEMENTE SE ESCRIBE LA LETRA "JEY" ANTES DE LA PALABRA. ¿NO ES ESO GENIAL?

הַדָג

Vayamos paso por paso. La primera letra parece una jaula con el orificio de aire **"j suave"**. Debajo está la vocal con el sonido **"a"**. A continuación, tenemos la consonante que parece una ducha "D" con su correspondiente vocal "a" por debajo. La palabra termina con el jugador de golf **"G"**. **"ja-DaG"**. ¿Recuerdas que en la clase pasada vimos la palabra "DaG"? "DaG" significa pescado. **"ja-DaG"** significa **EL PEZCADO**. Y lo único que hicimos fue anteponer la letra "Jey".

Esta lección fue breve y dulce, pero nos impulsa a profundizar en la lectura y en el idioma en general. Las clases toman un poco de tiempo, ¡pero lo hiciste! Y ya estás viendo resultados. ¡Es un proceso emocionante!

SEGUNDA SEMANA
LECCION DOS

Segunda Semana : Lección Dos

LA LETRA "NOON" נ

Al final de esta lección, estarás a un tercio del camino de la clase. Tendremos nuestro primer repaso quincenal. Esta clase también tiene algunas citas bíblicas increíbles. La primera letra de hoy es la letra "Nun". La letra "Nun" parece una Nariz. Hace el sonido de la letra "N". Mencioné anteriormente que no hay letras mayúsculas en hebreo. Pero hay una categoría diferente de letras que el español no tiene. Unas cuantas letras hebreas tienen un aspecto diferente cuando se encuentran al final de una palabra. Esas letras son llamadas Letras Finales. La letra "Nun" es nuestro primer ejemplo de una de las letras con una versión diferente al final de una palabra.

La "**Nun Final**" se encuentra SOLAMENTE al FINAL de una palabra. Hace el mismo sonido que la "Nun" regular. Se ve así:

Varía un poco su forma, llega a otro **Nivel**, y traspasa el límite de la margen inferior. Pareciera como que la base de la "Nun" regular la hubieran jalado hacia abajo, y ahora esa parte de la letra cruza debajo de la línea de lectura y llega a tocar un **Nivel** más abajo.

Okay, ahora vamos a ver una nueva vocal, así que...¡aquí vamos! La vocal es llamada "**SEGOL**". Y luce así:

Tiene el mismo sonido de la letra "**e**" en español.

Lo curioso del hebreo es que tiene OTRA vocal que tiene el MISMO sonido. Se llama la "**TZEREH**". Es el mismo sonido de la "**e**" y luce así:

Eso quiere decir que si ves alguna de las dos, ya sabes que hacen el mismo sonido de la "**e**" en español.

¡Leamos!

pag. 36

בֵּן

La primera letra luce como un balcón con una bolita "**B**". Debajo de ella está la vocal que suena como la "**e**". Ahora vayamos arriba a la siguiente consonante. Esta es la Nun Final que pasa el Nivel inferior y suena como la "**N**". Ponlo todo junto y tienes la palabra hebrea "**BeN**". "**BeN**" significa **hijo**.

Intentemos otra palabra:

חַנָה

La primera letra se ve como la jaula sin la salida de aire. Sí, nuestra "**J gutural**", como si estuviéramos despejando la garganta. La vocal debajo tiene el sonido de la "**a**". Regresemos otra vez arriba y nos encontramos con la letra que se ve como una nariz "**N**" y la vocal que pende de ella que suena "**a**". Ahora la última letra luce como una jaula con el escape de aire. Le da el sonido de una "**j suave**" al final de la palabra y apenas se puede escuchar, pero esta ahí. Ponlo todo junto y vamos a leer "**JaNaj**"". "**JaNaj**" es la versión original en hebreo del nombre español **Ana**. El profeta Samuel era el hijo de JaNaj.

¡Aquí tenemos un versículo donde aparecen DOS palabras que ya podemos leer en el idioma hebreo!

I Samuel 1:20

"Y pasó que después de algunos días que **JaNaj** quedó embarazada y dió a luz un hijo y llamó su nombre Samuel, porque él fue tomado prestado de Dis". El texto hebreo luce así:

וַיְהִי לִתְקֻפוֹת הַיָּמִים, וַתַּהַר חַנָּה וַתֵּלֶד בֵּן; וַתִּקְרָא אֶת-שְׁמוֹ שְׁמוּאֵל, כִּי מֵה' שְׁאִלְתִּיו.

La quinta y la séptima palabra (de derecha a izquierda) en el versículo de arriba son dos palabras que tú ya puedes leer. Aquí esta nuestro primer ejemplo de la marca de cantilación. En la letra "Nun" puedes ver un punto inesperado que no se usa para la lectura de la palabra. Simplemente ignóralo.

Ahora tratemos otra palabra más.

גַּן

La primera letra luce como el hombre galán jugando golf con la pequeñita vocal "**a**" pendiendo por debajo. Seguido por la letra que sobrepasa su Nivel inferior "**N**" final. Ponlo todo junto y tenemos "**GaN**". Un "**GaN**" es un **jardín**. En el hebreo moderno, para nombrar el preescolar y el jardín de niños, se usa la misma palabra "**GaN**".

Aquí va otra palabra interesante.

גַּנָּן

La primera letra luce como el hombre jugando golf con una pequeña vocal "**a**" debajo de él. Seguido por la letra que parece una nariz "**N**" con una "**a**" bajo ella. La letra al final de esta palabra es la "**N**" final que la jalaron para que llegue a un Nivel más abajo. Todas estas letras juntas forman la palabra "**GaNaN**". Un "**GaNaN**" es un **jardinero**.

הֶגֶה

Primero tenemos la jaula con un orificio para el aire "**j suave**" y debajo de ella está la vocal "**e**". Luego está el hombre jugando golf "**G**" y debajo de él otra vocal "**e**". Finalmente tenemos otra jaula con el orificio del aire "**j suave**". Lo leemos todo junto y tenemos "**jeGej**". "**jeGej**" significa timón o volante de conducción.

Bien. A continuación tenemos un gran final para terminar nuestras primeras dos semanas. Te vas a sorprender. De veras. Listo, aquí va.

בָּנָנָה

Esto es emocionante. Repasemos esto juntos. La primera letra parece como un balcón con una bola dentro "**B**". Debajo hay una vocal "**a**". Sube a la siguiente consonante que parece una nariz "**N**". Hay otra vocal "**a**" debajo de ella. Otra vez de regreso arriba con la siguiente letra que parece una nariz "**N**" con una vocal "**a**" debajo de ella. Tenemos una última letra al final de la palabra que tiene la forma de una jaula con el orificio para el aire "**j suave**". Ahora ponlo todo junto y tenemos "**BaNaNaj**". ¡Lo adivinaste! "**BaNaNaj**" es la palabra hebrea para **banana**.

Y AHORA, AMIGO MIO, YA PUEDES LEER BANANA EN HEBREO. EN TAN SOLO DOS SEMANAS PASASTE DE LEER BANANA EN ESPANOL A PODER LEERLO INDEPENDIENTEMENTE EN HEBREO.
INCREIBLE, ¿¡VERDAD?!

¡AHORA TE PUEDES TOMAR UN DESCANSO PARA UN HELADO!
TE LO MERECES.

Repaso Quincenal #1

NNB AAA ← **BANANA**  **PRINCIPIO**

TERCERA SEMANA
LECCION UNO

Tercera Semana : Lección Uno

LA LETRA "QUF"

La letra "**Quf**" luce como un **Queso cortado con un cuchillo**. Y ese es el sonido que realiza. El sonido de la letra "**Q**".

LA LETRA "SAMEJ"

La letra "**Samej**" es **super circular**. Y hace el sonido de la letra "**S**".

Leamos algunas palabras con estas letras y algunas de las otras letras que ya hemos aprendido.

בָּדַק

Comienza con la letra que parece un balcón con un balón adentro "**B**" seguida por una vocal "**a**". La siguiente letra es la que nos recuerda una ducha "**D**" con la vocal "**a**". ¡Terminando la palabra con la nueva letra que parece un queso cortado por un cuchillo "**Q**"!

Ahí lo tienes. La palabra hebrea "Ba-DaQ". "**Ba-DaQ**" significa **verificado** o **chequeado**, como algo o alguien que ha sido verificado o chequeado.

הֲדַס

Empezamos con una letra que parece una jaula con un orificio para respirar "**j**" y una vocal "**a**". La siguiente es la letra que parece una ducha "**D**" seguida por otra vocal "**a**". La última letra es nuestra nueva super circular letra "**S**". Ponlo todo junto y tenemos "jaDaS". "**jaDaS**" significa mirto.

Agreguemos una "**jey**" al final de esa palabra y veamos que pasa.

הֲדַסָּה

Empezamos con una letra que parece una jaula con un orificio para respirar "**j**" y una vocal "**a**". La siguiente es la letra que parece una ducha "**D**" seguida por otra vocal "**a**". Después viene nuestra nueva super circular letra "**S**" seguida con otra vocal "**a**". La palabra se completa con una letra "**jey**". Léelo todo junto y tenemos "jaDaSaj". "**jaDaSaj**" es uno de los nombres de la Reina Ester en el Libro de Ester.

Ester 2:7

"Y el crió a **jaDaSaj**, que es Ester, la hija de su tío".

וַיְהִי אֹמֵן אֶת-הֲדַסָּה, הִיא אֶסְתֵּר בַּת-דֹּדוֹ

Mira la cuarta palabra (de derecha a izquierda), y sí, ¡TU la puedes leer!

TERCERA SEMANA
LECCION DOS

Tercera Semana : Lección Dos

LA LETRA "MEM"

Esta lección tiene algunas lindas letras. Comenzaremos con la letra "**Mem**". La letra "**Mem**" parece una **Montaña con una bandera** plantada justo antes del pico. Hace el sonido de la letra "**M**" en español.

La letra "**Mem**" también tiene una versión final. Se parece mucho a la letra circular "Samej" de la cual ya aprendimos. Pero sus esquinas no están redondeadas. Sus esquinas son, bueno, esquinas.

Aquí está:

LA LETRA "TET" ט

Tenemos una letra especial que nos falta por ver hoy. La letra "Tet". La "Tet" luce como una linda Trenza cuya punta se voltea hacia adentro, y suena como la letra "T" en español.

Ahora, ¡leamos algunas palabras!

קָטָן

La primera letra se parece al queso cortado con un cuchillo "**Q**" y seguida por una vocal "**a**". Luego viene nuestra nueva letra con una linda trenza "**T**" emparejada con la vocal "**a**", y finalizamos con la "Nun" final, la que baja de nivel. "**Qa-TaN**" significa **pequeño** o **chico**.

קֶמַח

La primera letra se parece al queso cortada con un cuchillo "**Q**" acompañada de la vocal "**e**". A continuación, tenemos nuestra nueva letra con forma de montaña "**M**" con una vocal "**a**" bajo ella. Finalmente, tenemos una jaula sin la salida de aire, la "**J gutural**". "**Que-MaJ**" significa harina.

Hagamos una palabra más fácil.

מַה

Comienza con nuestra nueva letra "**M**" en forma de montaña y con una vocal "**a**" bajo ella, seguida de la jaula con la salida de aire "**j suave**". Estas letras juntas forman la palabra "**Maj**". "**Maj**" significa **que**.

Hagamos otra palabra fácil.

מָן

Comienza con nuestra nueva letra "**M**" en forma de montaña y con una vocal "**a**" debajo, seguida de la "**N**" final que va un Nivel más abajo. Ponlo todo junto y listo: "**MaN**". ¿Sabes lo que acabas de leer? "**MaN**" es la palabra hebrea original para **maná**. Ya sabes, como la comida que los israelitas comieron en el desierto. ¡**Maná del cielo**!

Exodo 16:15

"Y los hijos de Israel lo vieron y se dijeron unos a otros: es **MaN**".

En hebreo se ve así:

וַיִּרְאוּ בְנֵי-יִשְׂרָאֵל, וַיֹּאמְרוּ אִישׁ אֶל-אָחִיו מָן הוּא

¿Puedes creer que lo has estado llamando "Maná" todo este tiempo?

Hagamos otra palabra con un versículo bíblico.

מַטֶה

Empezamos de nuevo con la letra "**Mem**" que parece una montaña "**M**" seguida por una vocal "**a**". Luego una "**Tet**" con una trenza torneada hacia adentro "**T**" y una vocal "**e**". Terminamos con una letra "**jey**" que hace el sonido de una "**j suave**". "**Ma-Tej**". "Ma-Tej" significa un **palo o un bastón**.

Éxodos 7:12

"Y el bastón de Aaron se tragó los bastones de ellos".

Veámoslo en hebreo. Préstale atención a la segunda palabra.

וַיִּבְלַע מַטֶה-אַהֲרֹן, אֶת-מַטֹתָם.

¿No es increíble? Aquí estamos en el punto medio de este proyecto. ¡Podemos leer aproximadamente la MITAD de las letras en el idioma hebreo! Estamos completando los espacios vacíos con cada lección, y ¡el tiempo está volando! Con cada lección estamos más cerca de nuestro objetivo. ¡Sigan con el buen trabajo!

¡Que nos traigan el chocolate!

CUARTA SEMANA
LECCION UNO

Okey amigos. He guardado esta lección hasta ahora porque es un poquito complicada. Pero ya tienen los conceptos básicos de la lectura en hebreo y se que están listos para esto. Esta lección trata sobre letras mudas y vocales mudas. ¡Hay algunas letras y vocales en hebreo que en realidad no producen absolutamente ningún sonido, como la H en español! Una manera diferente de pensar respecto a estas letras y vocales es pensar en ellas como letras que guardan un espacio o vocales que guardan un espacio. Estas letras y vocales en si mismas no tienen ningún sonido, pero no las pueden ignorar por completo.

¡Aquí vamos!

LA LETRA "ALEF"

La letra **Alef** es muda. Es toda **brazos y piernas, pero no tiene voz**.

LA LETRA "AYIN"

La letra **"Ayin"** también es **silenciosa**. Puedes reconocer a "Ayin" porque está **leyendo un libro silenciosamente** de espaldas a ti.

Ahora vamos a aprender una vocal. "**Shva**" se ve así:

Cuando encuentras esta vocal debajo de una consonante, **debes detener el flujo de la palabra**. De una manera similar a como detienes el flujo de las palabras cuando llegas al final de una oración o con una palabra compuesta, p.ej. audio-libro.

Aquí hay algo complicado acerca de la "Shva". A veces la encontraras debajo de una consonante... ¡JUNTO con otra vocal! Que locuras, lo sé. Cuando veas esto, simplemente ignora la "Shva". Así es, ignórala. Simplemente lee la otra vocal como si la "Shva" ni siquiera estuviera allí. Acá vemos como se ve al lado de otras vocales:

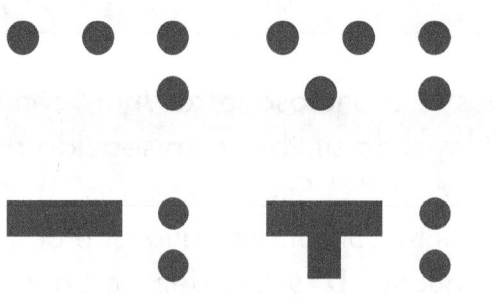

¡Hagámoslo!

Tenemos nuestra letra silenciosa "**Ayin**" leyendo su libro. Debajo de ella tenemos la vocal "**a**". Entonces SOLO pronunciamos la vocal. Básicamente ignoramos la "**Ayin**" y vamos directo a la vocal "**a**". Regresando arriba a la línea de lectura, tenemos nuestra letra "**Mem**" final. Ponlas juntas y tienes la palabra "**aM**" que significa **nación**. Por ejemplo, "aM YiS-Ra-eL" significa nación de Israel.

אָמֵן

Esta vez una letra silenciosa "**Alef**" está aquí, con solo piernas y brazos y sin voz. Así que vamos directamente a la vocal bajo ella "**a**". Ahora subimos de regreso a la siguiente consonante que luce como una montaña "**M**" seguida por la vocal "**e**". La última letra es la "**N**" final que baja hasta otro Nivel. ¡Ponlo todo junto y tienes una gran palabra! "**a-MeN**" significa **verdaderamente**. O en un español corriente significa **es verdad**. "a-MeN" es la versión original en hebreo de la palabra amen. En ambos idiomas, hebreo y español, la palabra suena igual.

Hagamos otra con un profundo significado:

pag. 61

אֶחָד

La letra silenciosa "**Alef**" la omitimos y se pronunciamos la vocal "**e**" debajo de la "**Alef**". La jaula sin el orificio para que salga el aire (la J gutural "**Jet**") está seguida de la vocal "**a**". Y finalmente la letra "**Daled**" que nos recuerda una ducha "**D**". Dilo todo junto: "e-JaD". En hebreo "**eJaD**" significa **uno**.

Aquí hay una porción clásica y maravillosa de la Biblia en Deuteronomio 6:4

שְׁמַע, יִשְׂרָאֵל: ה' אֱ-לֹהֵינוּ, ה' אֶחָד

Puedes leer la última palabra del versículo "eJaD".

Este versículo se lee:

"Escucha Israel, El S—ñor nuestro D—s, el S—ñor es **uno**".

Si eres judío, seguramente reconocerás este versículo como parte de la plegaria del Shema. En hebreo suena de esta manera:

"Sh-Ma Yis-Ra-eL, aDoNaY eLojeYNu aDoNaY **eJaD**".

¡Estas consonantes y vocales mudas de veras que nos han abierto nuestras habilidades de lectura! Hay tantas palabras buenas para leer ahora que es difícil de dejar de traer ejemplos.

עֵדֶן

Nuestra silenciosa letra "**Ayin**" sentada allí leyendo su libro está seguida por una vocal "**e**". Sube de regreso a la siguiente consonante que luce como una ducha "**D**" y que debajo tiene una "**e**" un poquito diferente a la anterior. Por ahora podemos leer "e-De". La palabra termina con una "**Nun**" final que llega a un Nivel más abajo. "e-DeN" significa **Edén, ¡como el Jardín del Edén!**

Lo puedes ver en Génesis 2:15. Préstale atención a la octava palabra en el versículo.

וַיִּקַּח ה' אֱ-לֹהִים, אֶת-הָאָדָם; וַיַּנִּחֵהוּ בְגַן-עֵדֶן, לְעָבְדָהּ וּלְשָׁמְרָהּ

"D--s tomó al hombre y lo puso en el jardín del **e-DeN** para trabajarlo y guardarlo".

Si aún no tienes una, considera comprar una Biblia en hebreo/español con traducción lineal. Creo que ya llegamos a un punto en que disfrutarías poder reconocer ciertas palabras que ya puedes leer y luego simplemente mirar al otro lado de la línea para ver la traducción.

Se que hicimos ya mucho en esta lección, pero hay más que quiero compartir. Esto es del último versículo del Exodo.

עָנַן

Empezamos de nuevo con la letra muda "**Ayin**" y con una vocal "**a**" debajo. Está seguida por la consonante que parece una nariz "**N**" con otra vocal "**a**". De nuevo, nuestra última letra es la "**Nun**" final, ¿la cual suena cómo? ¡N! Ponlas todas juntas. "**a-NaN**" significa **nube**.

כִּי עֲנַן ה' עַל־הַמִּשְׁכָּן, יוֹמָם, וְאֵשׁ, תִּהְיֶה לַיְלָה בּוֹ

"Porque la nube de D-s estaba sobre el Tabernáculo durante el día, y fuego por la noche".

Con todos estos excelentes ejemplos de la Biblia, ¡aún no hemos tenido la oportunidad de probar una vocal silenciosa! Así que hagamos eso ahora.

דְּמָמָה

Empieza con la Daled "**D**" e intenta ignorar la vocal muda que está debajo de ella, pasando directamente a la siguiente consonante. Esta letra luce como una montaña "**M**" y es seguida por la vocal "**a**". Pasando arriba a la siguiente consonante, otra "**M**" acompañada de otra vocal "**a**". Y luego la última letra es la jaula con la apertura para el aire – una "**j muy suave**" pero no completamente silenciosa. "**D'-MaMaJ**" significa silencio o quietud.

Bien, ahora a la palabra culminante. La gran prueba. La dura, la que leerás como un verdadero israelí. ¿Cómo? Vas a tomar una consonante con su vocal combinadas a la vez. Pronuncia cada consonante con su vocal correspondiente y luego continua con la siguiente pareja de consonante y vocal. Esta palabra no es más complicada que una palabra que sea mucho más corta. No trates de leerla toda a la vez. Tómalo por etapas.

נֶאֱמָן

Estamos empezando con la letra que luce como una nariz "**N**" y con una vocal "**e**" abajo, así que leemos "**Ne**". Después sigue una consonante silenciosa con una vocal "**e**" Y una vocal silenciosa debajo. La UNICA parte de toda esta combinación que vas a leer es el sonido "**e**". Hasta ahora tenemos "**Ne-e**". Ahora subimos nuevamente a la siguiente letra que parece una montaña "**M**" con una vocal "**a**" por abajo y finalizamos la palabra con una letra que ya todos conocemos – la "**Nun final**". "**Ne-e-MaN**" significa **fiel**.

CUARTA SEMANA
LECCION DOS

Cuarta Semana : Lección Dos

Esta lección tiene básicamente un par de letras con diferentes versiones de las mismas letras. Es una lección fácil, pero abarca mucho. ¡Así que no dejes que lo fácil te engañe! En realidad, estás tomando un gran salto hacia adelante.

Primero vamos con la letra "Kaf".

LA LETRA "KAF"

La letra "**Kaf**" luce como un hombre **Calvo tosiendo al comerse una Croqueta**. Y hace el sonido de la letra "**K**".

LA LETRA "JAF"

La siguiente letra se ve exactamente como la letra "Kaf" pero con una pequeña diferencia. Le falta el punto en la mitad. Esta letra es la "**Jaf**".

Falta la croqueta. ESTE pobre calvo ya no está tosiendo por la croqueta. La croqueta no se ve por ningún lado. Se tragó la croqueta y ahora se está **ahogando**. Y ese es el sonido que hace la "Jaf". La "**Jaf**" hace el mismo maravilloso **sonido gutural** que practicamos algunas lecciones atrás con la letra "Jet" (la jaula sin el orificio que deja salir el aire).

La letra "Jaf" también tiene una versión final. Es decir, si hay una "Jaf" al final de una palabra, la "Jaf" se verá un poco diferente. La parte inferior de la "Jaf" se estirará por debajo de la línea. Solo verás esta letra al final de una palabra. Aquí hay una "**Jaf Final**":

pag. 70

La siguiente letra es una letra muy singular. Puede ser una consonante O una vocal. Un punto cuidadosamente colocado puede transformarla. Estamos a punto de aprender una de las muy muy muy pocas excepciones a las reglas de lectura. Esta vocal se encuentra...por arriba de la línea.

Comencemos con su forma de consonante.

LA LETRA "VAV"

Esta es la letra "**Vav**". Hace el sonido de la letra "**V**" del español y parece una vaina de **vainilla**. Se parece exactamente a una vaina de vainilla. Si nunca has visto una vaina de la vainilla, busca una foto ahora mismo en las imágenes de Google y nunca olvidaras la "**Vav**".

Ahora, hay veces la "**Vav**" tendrá un punto directamente encima. Cuando lo tiene, la "Vav" se convierte en la "**Jolam**". En este caso ya no hace el sonido de la V. Ahora es una vocal. La "**Jolam**" hace el sonido de la vocal "o". Me gusta recordarlo con un tonto truco facial. Cuando digo "**¡oh**!" en una manera de sorpresa, mis cejas siempre se levantan. Y la "**Jolam**" tiene un punto que se levanta y hace el sonido "**o**".

A veces verás solo un punto flotando sobre y entre dos consonantes. Es como si estuvieras viendo la "Jolam" pero la parte de la "Vav" simplemente está faltando. Hace el mismo sonido "**o**". No te preocupes, veremos esto en algunos de los ejemplos que citaremos más abajo. Es menos complicado de lo que suena.

En otras ocasiones, la "Vav" tendrá un punto en su interior. El punto estará intercalado entre la "Vav" y la letra siguiente. En estos momentos la letra "Vav" se convierte en la vocal "**Shuruk**". La "**Shuruk**" hace el sonido de la "**u**" en español. Me gusta imaginarla como la "Vav" haciendo el gesto de cuando se da un besito. El sonido que haces cuando tienes los labios en posición para dar un besito es "**u**".

Una última vocal para hoy hace el mismo sonido de "**u**" como "Shuruk". Esta vocal va debajo de la línea como la mayoría de las vocales. Se llama "**Kubutz**" y son tres puntos diagonales que cuelgan debajo de una consonante.

Aclaremos todo acerca de esta nueva información con algo de práctica de lectura.

Aquí tenemos la jaula sin la salida de aire, la **J gutural**, como si estuviéramos atragantados, seguida por la vocal "**a**" y juntas suenan "**Ja**". Regresamos arriba y tenemos la nueva letra que se parece a un calvo ahogándose, sin la croqueta a la vista, una "**J gutural**", seguida por otra vocal "**a**" y ahora se lee "**Ja-Ja**". Finalmente, tenemos una "**Mem**" final que forma la palabra "**Ja-JaM**". "**Ja-JaM**" significa **sabio**.

כֵּן

Tenemos al hombre calvo tosiendo por la croqueta "**K**" con una vocal "**e**" debajo y esta corta palabra termina con una "**Nun final**". "**KeN**" es una palabra pequeña y positiva que significa ¡**sí**!

מְאֹד

Primero tenemos la letra que parece una montaña con una vocal silenciosa debajo marcando el espacio. A continuación, tenemos la letra muda "**Alef**" con solo brazos y piernas y sin voz. Su voz proviene de la **vocal** conectada con ella. Flotando arriba, entre la "Alef" y la siguiente letra, hay una vocal "**o**". Y terminamos con una letra que nos recuerda una ducha "**D**". "**Mh-oD**" significa "**muy**". Es una pequeña palabra con algunas partes complicadas. Pero si lo tomas consonante-vocal por consonante-vocal, ¡lo podrás hacerlo exitosamente!

Probemos una más fácil.

הוּא

Primero tienes una jaula con la salida de aire, la "**j suave**", seguida por una vocal "**u**" y terminando con la letra muda "**Alef**". "**ju**" significa **él**.

עַמְךָ

La letra silenciosa "**Ayin**" da comienzo a la palabra junto con una vocal "**a**" debajo. A continuación, la letra que parece una montaña "**M**" con una vocal silenciosa debajo: "**aMh**". Concluimos con la letra "**Jaf final**" y una vocal "**a**". "**aMh-Ja**" significa **tu pueblo**.

אָדוֹן

La letra muda "**Alef**" con la vocal "**a**" y una vocal silenciosa y engañosa que vamos a ignorar por completo suena "**a**". Sigue una letra que parece una ducha "**D**" seguida por una vocal "**o**". ¿Levantaste tus cejas? La palabra termina con una letra "**Nun final**". "**a-DoN**" significa **amo**.

En hebreo moderno, "aDoN" significa señor, como una señal de respeto y formalidad. Sr. Cohen sería aDoN Cohen. Los israelíes son muy informales, por lo que solo lo usan en entornos extremadamente formales. También, uno de los nombres de D--s es "a-Do-NaY". Es como "aDoN" con una letra adicional al final. La última letra le cambia el significado de amo a "mi Amo".

מְיֻחָד

Vamos a empezar con una letra que parece una montaña "**M**". Una vocal silenciosa está debajo de ella. La pequeña gota de lluvia "**Yud**" tiene nuestro nuevo "**Kubutz**" debajo y hasta ahora tenemos "**Mh-Yu**". A continuación, tenemos una jaula sin agujero "**J gutural**" y una vocal "**a**" debajo seguido por la letra que parece una ducha "**D**". Juntemos los sonidos y tenemos "Mh-Yu-JaD". "**Mh-Yu-Jad**" significa **especial**.

AHORA PUEDES LEER LA MAYORIA DE LAS LETRAS EN EL IDIOMA HEBREO. LAS ULTIMAS DOS LECCIONES NOS HAN ADELANTADO MUCHO. ECHEMOS UN VISTAZO A NUESTRA REVISION QUINCENAL PARA RESUMIR LAS ULTIMAS CUATRO LECCIONES.

Repaso Quincenal #2

  הַדַס בָּדַק הֲדַסָה

  מוּ מַטֶה קָטֹן מָה קֶמַח

   עָנָו עֵדֶן אָמֵן דְּמָמָה אֶחָד עַם נֶאֱמָן

   וּ וְ חָכָם אָדוֹן הוּא מְאֹד כֵּן מְיֻחָד עִמְּךָ ךְ

pag. 77

QUINTA SEMANA
LECCION UNO

LA LETRA "RESH"

La letra "Resh" es mi letra favorita. Es mi favorita porque tiene un dibujo bonito. La "Resh" parece la **Rama** de un árbol y hace el sonido de la letra "R" en español.

LA LETRA "FEY"

Ahora la letra "Fey" tiene una forma única. Se ve como una **Faz Feliz** y hace el sonido de la letra "F" en español.

LA LETRA "PEY"

Existen algunas letras en el alfabeto hebreo que tienen letras hermanas con un punto en alguna parte. La letra "Fey" tiene una letra hermana con un punto añadido. Se llama "Pey". La letra "Pey" tiene el sonido de la "P" en español y luce como un Payaso con un lunar pintado en la mejilla.

La letra "Fey" tiene también una versión final. Esta se encuentra únicamente al final de una palabra. La "Fey Final" luce tal como la "Fey" pero la parte inferior de la letra se estira hacia abajo y sobrepasa el renglón.

רָאָה

La primera letra luce como una rama "**R**" con una vocal "**a**" debajo. Está seguida de la silenciosa letra "**Alef**" con una vocal "**a**". Finalmente encontramos una muy "**suave jey**" que casi no se oye. Ponlo todo junto y tenemos "**RaHaj**" que significa vio. Como decir, "él la **vio** a ella en la tienda".

סוּף

Empezamos con la letra circular "**Samej**" seguida por la vocal "**u**" y terminando con la "**Fey final**". "**SuF**" significa **juncos o cañas**.

He aquí un dato divertido. ¿Has oído hablar del Mar Rojo? Bueno, en realidad no es nada rojo. En la Biblia se llama el "YaM SuF" o el **Mar de los Juncos**. ¿Y adivina qué? Sí tiene juncos. Desde los días previos a la autocorrección se cometió un error básico que ha perdurado durante generaciones. Por la sencilla razón de que la gente depende en las traducciones de libros. ¡Incluso libros tan importantes para ellos como la Biblia! Hay muchos más errores básicos (y mas significativos) como ese. ¡Qué bien que has tomado la iniciativa de aprender por ti mismo!

סֵפֶר

Empezando de nuevo con nuestra letra circular "**Samej**" seguida por la vocal "**e**". Luego tenemos nuestra letra que parece una faz feliz "**F**" con una vocal "**e**" debajo. La letra con la forma de una rama "**R**" finaliza esta palabra. Ponlo todo junto y tenemos "**Se-FeR**". "Se-FeR" significa **libro**.

Ahora hagamos una palabra con una cita bíblica.

פַּרְעֹה

Primero tenemos la letra que parece un payaso con un lunar "**P**" y con una vocal "**a**" colgando debajo. Después sigue nuestra letra que parece una rama de árbol "**R**" con una vocal debajo que marca espacio silenciosamente. Hasta ahora tenemos "**PaR**". A continuación, tenemos una letra muda "**Ayin**" con una vocal "**o**" flotando entre ella y la letra final en forma de jaula con salida de aire "**j suave**"". "**PaR-Hoj**" es la palabra hebrea para Faraón. Como el **rey de Egipto**.

Exodo 2:5

וַתֵּרֶד בַּת-פַּרְעֹה לִרְחֹץ עַל-הַיְאֹר

"Y la hija de **PaR-Hoj** bajó a bañarse en el rio."

Terminemos esta lección con una palabra fácil.

פֶּה

La primera letra parece un payaso con un lunar "**P**" con una vocal "**e**" colgando debajo y una letra "**jey**" finalizando la palabra con una "**j suave**". "Pej" significa **boca**.

QUINTA SEMANA
LECCION DOS

Quinta Semana : Lección Dos

Con las letras que estamos aprendiendo en esta lección vamos a poder leer (al menos) una palabra verdaderamente épica. De veras.

LA LETRA "LAMED"

La letra "**Lamed**" parece una **Lampara** y hace el sonido de la letra "**L**" en español.

LA LETRA "TAF"

La letra "**Taf**" hace el sonido de la letra "**T**" en español. Hay otra letra que aprendimos que también hace el sonido "**T**". No se preocupen. Es exactamente el mismo sonido. No hay nada nuevo aquí, excepto una nueva apariencia para el mismo sonido.

La "**Taf**" se parece mucho a la "Jet" y a la "Jey". Pero hay una diferencia que la distingue Y te ayudará a recordar su sonido. ¡Parece una **TORTUGA con la cabecita asomada**!

pag. 89

LAS LETRAS "SHIN Y SIN" ש שׂ

Las siguientes dos letras se ven casi iguales, como si fueran gemelas. Se llaman "SHin" y "Sin". El sonido de la "SHin" no existe en español. Lo más cercano a su sonido es cuando te pones el dedo índice sobre tus labios para pedir silencio ¡SHHH! La "Sin" suena como la letra "S" en español. ¿Cómo puedes diferenciar a estas dos gemelas? La letra "SHin" tiene un **punto arriba a la derecha** y la "Sin" tiene un **punto arriba a la Siniestra** (izquierda).

Recuerda este pequeño truquito para no confundirte:

SI EL PUNTO NO ESTA A LA DERECHA, ENTONCES ES LA "SIN" Á LA SINIESTRA.

Comencemos con una palabra fácil.

לֹא

La palabra empieza con la letra "**Lamed**" que tiene forma de una lámpara, seguida por la vocal flotante "**o**" y termina con la silenciosa "**Alef**". "**LoH**" significa **no**.

pag. 90

שַׁבָּת

El punto sobre la primera letra está a la derecha. Sabemos que es una "SHin". Con una vocal "a" colgando debajo, tenemos "SHa". A continuación, nuestro balcón con un balón adentro "B" con otra vocal "a" debajo de ella. Ahora tenemos "SHa-Ba". Terminemos con nuestra nueva letra "Taf" que nos recuerda la tortuga con su cabecita asomada y ¡tenemos "SHa-BaT"! "SHa-BaT" significa **sábado**.

En hebreo, los primeros seis días de la semana en realidad no tienen nombres. El domingo se llama "YoM Ri-SHoN", que significa "primer día". El lunes se llama "YoM SHe-Ni" o "segundo día". El único día con su propio nombre es el sábado, que es llamado "SHa-BaT" y que literalmente significa "El descansó".

שָׂרָה

En la primera letra aparece su punto a la Siniestra, así que sabemos que es una "Sin". Una vocal "a" cuelga debajo y le sigue la "R" que parece una rama de árbol con una vocal "a" abajo. Terminando con la "Jey", la jaula con una salida de aire "j suave". Y tenemos "Sa-Raj". Una pronunciación ligeramente diferente a Sara. "Sa-Raj" era la esposa de Abraham.

¡Y ahora una palabra muy importante!

תּוֹרָה

Lo primero que se nota es la tortuga con la cabecita asomada "T" seguida de una vocal "o". Después sigue la letra con forma de rama de árbol "R" con una vocal "a" colgando debajo. Al final de la palabra una letra "Jey". ¡La "ToRaj", que está compuesta por los primeros cinco libros de la Biblia! ¡Tú puedes leer la palabra "ToRaj" en el texto hebreo original! ¡ESO es grandioso!

Ya casi terminamos. Ni siquiera puedo creer lo poco que queda por aprender. Claro, vas a tener que seguir practicando. Pero ahora ya tienes casi todas las herramientas.

¡DESCANSO PARA UNA MALTEADA! ¡HAS TRABAJADO DURO!

SEXTA SEMANA
LECCION UNO

Sexta Semana : Lección Uno

LA LETRA "YUD"

Finalmente, llegamos a la pequeña y linda "Yud". Cuando mis hijos estaban aprendiendo a leer, su maestro la llamaba "bebe Yud". "Yud" parece una pequeña gota de Lluvia y hace el sonido de la "Ll" o de la "Y" en yema en el español.

Ahora tenemos otra vocal. Es solo un pequeño punto que cuelga debajo del reglón de lectura. Se llama "Chirik" y hace el sonido de la "i" en español.

LA LETRA "TZADIK"

La siguiente letra se llama **"Tzadik"**. Emite un sonido que casi nunca escuchamos en el idioma español. Suena como las **dos zetas** en la palabra pizza, o como la combinación de **la t y la s** en **megabits** y **tsunami**. Es útil decir estas palabras en voz alta para tener una mejor idea del sonido del que estoy hablando.

También hay una **"Tzadik final"** que se parece a la "Tzadik" excepto que la parte inferior de la letra esta estirada hacia abajo y sobrepasa el renglón. Y por supuesto, la **"Tzadik final"** hace el mismo sonido que la "Tzadik" y **SOLO se encuentra al final de una palabra**.

Ensayemos ahora nuestras nuevas letras.

יָד

La linda gota de lluvia "**Yud**" seguido por una vocal "**a**" y terminado con una letra que parece una ducha "**D**". Y esto deletrea "**YaD**". "**YaD**" significa **mano**.

צָרִיךְ

Primero tenemos nuestra "**Tzadik**" seguida por una vocal "**a**" y suenan juntas "**TZa**". Luego viene una letra como una rama de árbol seguida de nuestra nueva vocal "**i**" y ahora suena "**TZa-Ri**". Seguida por una Yud y terminamos con nuestra "**Jaf Final**". "**TZa-Ri-J**" significa **necesitar**.

בַּיִת

La letra que parece un balcón con una bolita "**B**" seguida de una vocal "**a**". Ahora tenemos una combinación que pareciera ser difícil: la gota de lluvia "**Yud**" con la vocal "**i**" debajo de ella. Juntos suenan "**Yi**". Termínalo con una letra que parece una tortuga con su cabecita asomada "**T**". "**Ba-YiT**" significa **casa** u **hogar**.

מַצָּה

La letra que parece una montaña "**M**" con una vocal "**a**" colgando debajo. Seguida de una "**Tzadik**" y una vocal "**a**" y terminando con una jaula con salida de aire "**j suave**". "**MaTZaj**" es **pan sin levadura** que los judíos comen un PesaJ (Pascua judía).

אֶרֶץ

Una letra muda "**Alef**" con una vocal "**e**" seguida de una letra "**R**" que tiene forma de rama de árbol y otra vocal "**e**" y terminando con una "**Tzadik final**". "**e-ReTZ**" significa **tierra** o **país**.

¿Estás listo para una palabra maravillosa?

יִשְׂרָאֵל

Gota de lluvia "**Yud**" con una vocal "**i**" colgando debajo, seguida de una "**Sin**" (el punto está a la siniestra) con una **vocal silenciosa marcando el espacio**. Hasta ahora tenemos "**Yis**". Luego viene la letra en forma de rama con una vocal "**a**". A continuación, tenemos la letra muda "**Alef**" con una vocal "**e**" y la palabra termina con la letra en forma de lampara "**L**". Todo junto tenemos "**YiS-Ra-eL**". ¡"**YiS-Ra-eL**" significa **Israel**!

AHORA QUE SABES COMO LEER "ISRAEL" EN HEBREO, ¡PUEDE QUE QUIERAS OLVIDAR LA LECCION FINAL! RESERVA UN VUELO Y EMPACA TUS MALETAS PARA LA TIERRA SANTA.

SEXTA SEMANA
LECCION DOS

Sexta Semana : Lección Dos

LA LETRA "ZAYIN"

"Zayin" es una letra que se ha dejado para el final ¡sin ninguna buena razón! Hace el sonido de la "Z" en español y parece una persona "Zambulléndose".

LA LETRA "VET"

La primera letra que aprendimos fue la letra "Bet", el balcón con el balón. Bueno, "Bet" tiene una letra hermana sin el balón. Se llama "Vet". La "Vet" también es como un balcón, pero con un Vacío donde antes estaba el balón. La representamos con la letra "V" en español. En realidad, en español no se diferencia la pronunciación de la "B" y la "V", pero en el hebreo sí hay diferencia entre la "Bet" y la "Vet". La "Bet" se pronuncia con los labios cerrados (más explosiva) y la Vet se pronuncia con los labios levemente abiertos, labiodental (más suave).

Aquí hay una excepción real a nuestras reglas de lectura. La única excepción: cuando ves una **"Jet"** (jaula sin apertura, la J fuerte) con una **"pataj"** (la vocal **"a"** que es solo una línea horizontal) el **FINAL** de una palabra, en lugar de pronunciarla **"Ja"** se debe pronunciar **"aJ"**.

Veámoslo en acción.

יָרֵחַ

La pequeña gota de lluvia **"Yud"** con una vocal **"a"** seguida de una letra **"R"** en forma de rama con una vocal **"e"** suena **"Ya-Re"**. Los dos últimos sonidos son el combo **"Jet"** **"Pataj"** del cual hablamos **"aJ"**. Todo junto se lee **"Ya-Re-aJ"** que significa **luna**.

רוּחַ

Comienza con una letra **"R"** en forma de rama, seguida de una vocal **"u"**. El combo **"Jet"** **"Pataj"** termina esta corta palabra con **"aJ"**. Juntos forman **"Ru-aJ"** que significa **viento** o **espíritu**.

זֶה

La **"Zayin"** que nos recuerda de una **"Zambullida"** tiene una vocal **"e"** debajo y va seguida de una **"Jey"**. **"Zej"** significa **esto**.

Ahora hagamos una palabra más larga. ¡Es larga pero no es difícil porque lo haremos paso a paso!

עֲבוֹדָה

La letra silenciosa **"Ayin"** leyendo su libro, con una vocal **"a"** y una **vocal silenciosa** por debajo. Seguida de una letra con un balcón vacío **"Vet"** y una vocal **"o"** inmediatamente después. Hasta ahora tenemos **"aVo"**. Luego, una letra que parece una ducha **"D"** con una vocal **"a"** debajo y finalmente una letra **"Jey"** al final **"j suave"**. Combínalo todo y tenemos, **"aVoDaj"** que significa **trabajo**.

¡HAS TRABAJADO DURO PARA LLEGAR A ESTA PUNTO Y ESTOY TAN ORGULLOSA!

זֶבְרָה

Comenzamos con la letra que nos recuerda una zambullida "**Z**" con una vocal "**e**". A continuación, un balcón con la bola adentro y debajo una **vocal silenciosa marcando la posición**. Ahora, una letra "**R**" en forma de rama con una vocal "**a**" seguida de una "**Jey**". Todo junto forma "ZeB-Raj". ¿Y adivina qué? "**ZeB-Raj**" significa **cebra**.

¡Ahora la palabra que has estado esperando durante seis semanas! La mejor de las mejores. La más destacada de todas las destacadas. ¡Prepara tus planes de celebración!

עִבְרִית

Comenzando con una letra muda "**Ayin**" leyendo su libro con una vocal "**i**" colgando debajo. Un balcón vacío "**Vet**" que tiene una vocal silenciosa debajo "**iV**". Seguido por una letra "**R**" en forma de rama con una vocal "**i**" debajo y al final una letra que parece una tortuga con su cabecita asomada "**T**". ¡"**iV-Rit**" significa **HEBREO**!!!!!!!!

Repaso Quincenal #3

סֵפֶר ‎ רָאָה ‎ פ
סוּף ‎ פֶּה ‎ פַּרְעֹה

 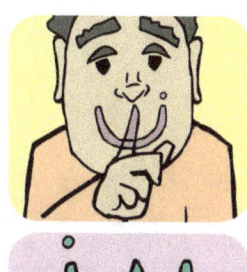  

תּוֹרָה ‎ שַׁבָּת
לֹא ‎ שָׂרָה

   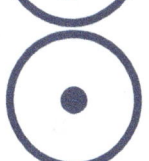  

יִשְׂרָאֵל ‎ מַצָּה ‎ אֶרֶץ ‎ צ
צָרִיךְ ‎ בַּיִת ‎ יָד ‎ ּ

יָרֵחַ ‎ רוּחַ ‎ חַ
זֶה
עֲבוֹדָה ‎ עִבְרִית ‎ זֶבְרָה

Alefbet en Resumen

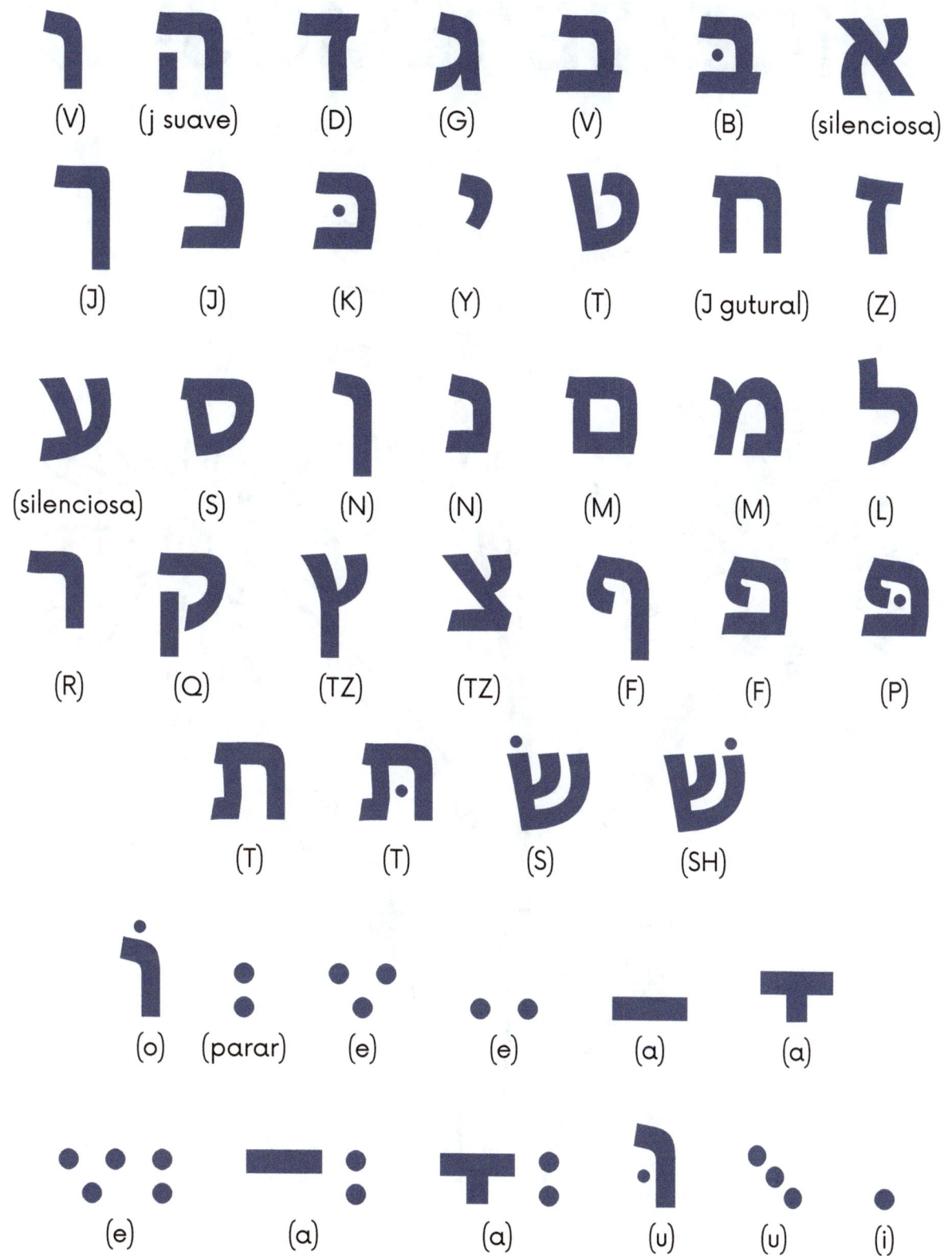

¡CELEBREMOS!

¡Tú! Ahora tú ya tienes las herramientas para leer CUALQUIER palabra en hebreo. Ya conoces cada vocal, cada consonante, y te sabes los pocos truquitos que hay. Tienes herramientas mnemónicas que te ayudarán a reconocer las letras y mantendrán el idioma activo en tu mente. Has conquistado la parte más difícil del idioma hebreo. Con práctica, te sentirás cada vez más cómodo leyendo, y en poco tiempo podrás leer en hebreo tan fácil como en español.

De hecho, cuando tengas más práctica, vas a adquirir una sensación por el ritmo del idioma y se volverá tan familiar que hasta serás capaz de leer sin vocales. ¡Hoy en día en Israel, casi todos los periódicos y libros se imprimen sin vocales! La mente es algo impresionante. Aprender nuevas habilidades es tan valioso. Estoy muy feliz que decidiste invertir tu tiempo, esfuerzo y energía aprendiendo a leer hebreo conmigo. ¡Gracias! Y felicitaciones por tu nueva y espectacular habilidad lingüística. **¡TU puedes leer hebreo!**

¡AHORA DALE!

Genesis 1:1

בְּרֵאשִׁית בָּרָא אֱלֹהִים אֵת
הַשָּׁמַיִם וְאֵת הָאָרֶץ

B-Re'SHiT BaRaH eLojiM eT jaSHaMaYiM V-eT ja'HaReTZ
Al principio D—s creo los cielos y la tierra.

UNA NOTA MUY SERIA E IMPORTANTE

He intentado de mantener este libro realmente divertido y lindo, pero ahora es el momento para algo totalmente serio.

Ahora que ya sabes como leer cada combinación de letra y vocal, debes saber algo muy importante. Hay una palabra en el idioma hebreo que se escribe, pero nunca jamás se dice en voz alta. El nombre especial de D—s. Cuando encontramos este nombre santo, tenemos el cuidado de nunca pronunciarlo en voz alta.

En realidad, nunca pronunciamos ninguno de los nombres hebreos de D—s en una conversación regular. En vez, decimos "**jaSHeM**" que solo significa **El Nombre**. Pero si los pronunciamos cuando rezamos o cuando leemos de la Torá.

Pero este nombre especial de D—s es tan grandioso y santo que **nunca jamás se pronuncia, ni siquiera en los rezos**. En vez, cuando lo vemos en la Torá o en un libro de rezos, lo sustituimos con el nombre "**a-Do-NaY**." "**a-Do-NaY**" significa "**mi Amo**".

En la Biblia verás este nombre especial de D—s escrito así:

En el libro de rezos frecuentemente lo verás escrito de manera abreviada así:

El nombre escrito de D—s es una palabra santa. Algo que tenga el nombre de D—s escrito se debe tratar con respeto. No se debe poner en el piso o tirar en la basura. Por eso acá imprimí el nombre con rayitas y con guiones.

Entonces terminamos este libro trayendo a colación lo que dijo el Rey Salomón:

> "EL FINAL DEL ASUNTO, HABIENDO SIDO TODO ESCUCHADO: TEME A D—S, Y CUMPLE SUS MANDAMIENTOS; PORQUE ESTE ES EL HOMBRE INTEGRO"
> —KOHELET (ECLESIASTES) 12:13

ACERCA DE LA AUTORA

Miiko Shaffier nació en La Florida en 1978. Creció principalmente en Canadá y vivió en Nueva York y California. Se casó con Aaron en el 2000, y en el 2007 emigraron a Israel con su nueva familia.

Miiko vive ahora en Be'er Sheva, la ciudad de Abraham, con su esposo y nueve hijos. Además de ser maestra de lectura de hebreo, Miiko también es una instructora certificada de Pilates.

www.ingramcontent.com/pod-product-compliance
Lightning Source LLC
Chambersburg PA
CBHW060500010526
44118CB00018B/2486